JN075053

使える！

Play material collections of child cares
~Chapter of contact play~

保育のあそびネタ集

ふれあいあそび 編

自由現代社

使える！

Play material collections of child cares
~Chapter of contact play~

保育のあそびネタ集
ふれあいあそび編

ふたりで ふれあう

~保育者と、親と、子ども同士で、主に2人でできるあそび~

子どもがみんなでふれあう
～子ども同士、みんなでワイワイできるあそび～

親も子どももみんなでふれあう
～参観日などで、親子みんなでできるあそび～

本書の内容と特長

　園生活の中で、子どもたちが友だちや保育者、また参観日などで親御さんと触れ合いながらあそぶことは、幼児期において、とても楽しく、かけがえのない経験になります。また、ルールを守りながらみんなとあそぶことで、社会性や協調性を育み、ひいてはその後の豊かな人間形成につながっていきます。

　本書では、「ふたりでふれあう」「子どもがみんなでふれあう」「親も子どももみんなでふれあう」というテーマで、日常の園生活やさまざまな行事で、子ども同士や、子どもと保育者が触れ合えるあそびから、大勢の親子で触れ合えるあそびのネタまで、厳選して紹介しています。バリエーション豊富で、楽しく、子どもたちが夢中になるような触れ合いあそびのネタを、ぜひ保育現場でお役立てください。

誌面構成について

各タイトルを示しています。

各あそびの概要を説明しています。

イラストをふんだんに用い、あそびかたを楽しくわかりやすく丁寧に説明しています。

基本的なあそびに加え、より発展的なあそびの内容や、指導する際のポイントやコツ、注意点などを紹介しています。

歌を用いたあそびでは、楽曲の楽譜はすべて伴奏がつき、伴奏は簡単で弾きやすく、かつ楽曲のよさを引き立てたアレンジになっています。

歌あそびなどでは、各手あそびやふりつけを、楽しいイラストや解説で細かく丁寧に説明しています。

ふれあいあそび

思いきり体を動かしながら、保育者や親との触れ合いを楽しみます。

★ 🥇🥈 のみ、複数の子どもとのあそびです。

ベタベタゴロゴロ

① 保育者や親はうつぶせに寝転がり、子どもたちは背中や脚に乗ります。子どもたちが乗ってきたら、軽くゆらしたり、動かしたりします。

② 次は1対1で子どもを抱えてゆっくり転がります。

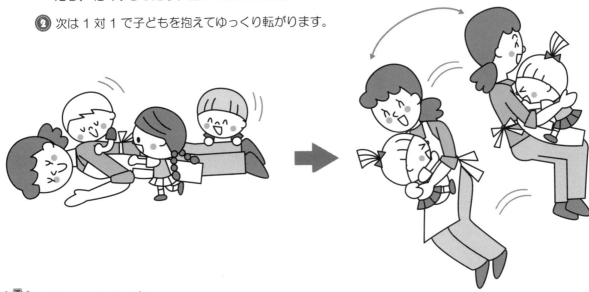

ピタッと鬼ごっこ

子どもたちが、逃げる保育者や親を追いかけ、止まったら、ピタッとくっつくという鬼ごっこです。最後は保育者が走っている子どもを待ち受けて抱きしめます。

★ ～ は、保育者や親と子どもとの1対1のあそびです。

ジェットコースター

後ろから子どもの腕の下に手を入れ、抱えて持ち上げ、グルグルまわります。

くるくるブンブン

子どもの両手をしっかり握り、グルグルまわしします。

くるりんパッ！

向かい合って手をつなぎ、子どもが保育者や親の体をかけ上がるようにしてまわります。

すべり台

子どもを抱いていすに座り、子どもの両脇を抱えてひざからすべり台のようにすべらせて下ろします。

★はじめはゆっくりと、慣れてきたらスピードを速めてすべらせましょう。

ロボット歩き ⑦

足の上に子どもの足を乗せ、両手をつないで歩きます。

ワニ歩き ⑧

保育者や親は子どもの両足首を持ち、子どもは床に両手をつきいて、ワニのように歩きます。

メリーゴーランド ⑨

子どもを抱っこして、腰と背中を手でしっかり支え、グルグルまわります。

飛行機 ⑩

保育者や親は仰向けになって両脚を上げ、子どものお腹を支えて脚を少し動かします。子どもは飛行機のように両手を広げます。

アドバイス

くれぐれもけがのないように、注意しましょう。

2 ひっくりカエル

カエルになった子どもを仰向けにひっくりかえします。

1 子どもは、カエルが伸びたように床にうつぶせになります。

2 保育者や親は子どもをひっくりかえし、子どもはひっくりかえされないようにします。

3 子どもがひっくりかえったら、保育者や親のまわりをカエル跳びで1周します。

3 丸太たおし

丸太になった保育者や親の脚を子どもが倒します。

1 保育者や親は仰向けになって、丸太のように両脚をまっすぐ上に上げます。
子どもは保育者や親の脚を倒し、親は倒されないようにします。

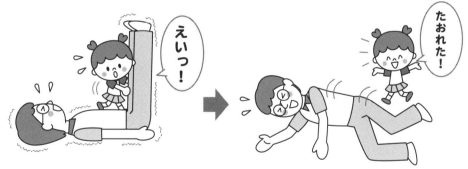

えいっ！

たおれた！

2 脚を倒したら交代し、子どもの脚を倒します。

4 足ふみ対決

足を踏めるか踏めないか、対決します。

① 向かい合って両手をつなぎ、子どもは足を踏みます。保育者や親は踏まれないように逃げます。

② 交代して、保育者や親が子どもの足を踏みます。子どもは踏まれないように逃げます。

5 おしりタッチ

おしりをタッチできるかできないか、対決します。

① 向かい合って片手をつなぎ、子どもが保育者や親のおしりをタッチします。保育者や親はタッチされないように逃げます。

② 交代して、保育者や親が子どものおしりをタッチします。子どもはタッチされないように逃げます。

6 ロデオゲーム

保育者や親が馬になり、子どもは乗馬気分を楽しみます。

ふたりでふれあう

正座でがまん！

四つんばいになった保育者や親の背中に子どもが正座して、落ちないようにがまんします。

またいでフリフリ

子どもが保育者や親の背中にまたぎます。体をゆらし、子どもは振り落とされないようにします。

しがみついてフリフリ

子どもが保育者や親の背中にまたいでしがみつきます。体をゆらし、子どもは振り落とされないようにします。

 アドバイス

振り落とされてけがをしないように、マットなどを敷くなどして、くれぐれも注意しましょう。

7 すばやくタッチ

モグラたたきのように、すばやくタッチするあそびです。

① 向かい合って立ちます。保育者や親はどちらかの手のひらをすばやく子どもに向かって出します。

② 子どもはボクシングのように、グーの手で手のひらをタッチします。保育者や親はタッチされないように、すぐに引っ込めます。

タッチ!

8 ジャンケンこちょこちょ

ジャンケンに負けたら、こちょこちょくすぐられます。

① 向かい合って座り、片手で握手をします。

② もう片方の手でジャンケンをします。

③ ジャンケンに勝った人が、握手をしたまま負けた人をくすぐります。

9 ふたりで なにがなんだか

抱きしめたり、タッチしたりして触れ合える歌あそびです。

🎼 なにがなんだか

作詞／作曲：新沢としひこ

1.2. な　にがなんだかわ　からないけど　だっ　こで ギュー／タッ　チで ホイ

な　にがなんだかわ　からないけど　だっ　こで ギュー／タッ　チで ホイ

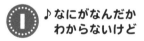  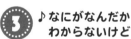 

1番

1 ♪なにがなんだか　わからないけど

2 ♪だっこでギュー

2番

3 ♪なにがなんだか　わからないけど

4 ♪タッチでホイ

グーにした両手を交互にまわします。

抱きしめ合います。

❶と同じ動きです。

両手でハイタッチします。

 アドバイス

「♪だっこでギュー」や「♪タッチでホイ」は、いろいろアレンジして楽しみましょう。

10 とんでとんでくぐって！

保育者や親の脚の上を跳んだり、体をくぐって楽しみます。

跳び越しくぐり ①

保育者や親は脚を伸ばして座り、両手を後ろにつきます。子どもは脚を跳び越えた後、背中の下をくぐり抜けます。その際、保育者や親は体を浮かせます。

跳び越しくぐり ②

保育者や親はうつぶせになって両手を床について脚を伸ばします。子どもは脚を跳び越えた後、胸の下をくぐり抜けます。その際、保育者や親は体を浮かせます。

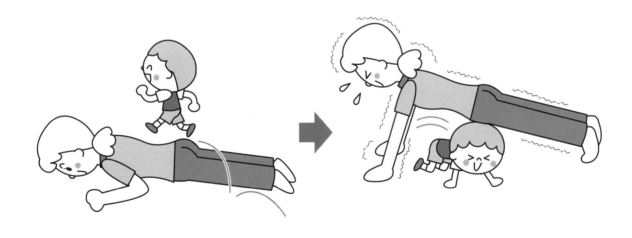

足跳びまわり

保育者や親は脚を開いて座ります。子どもは、両脚をそろえて脚を跳び越えた後、保育者や親のまわりを一周します。

 グーパー跳び

保育者や親は脚を開いて座ります。子どもは、開いた脚の間に立ちます。保育者や親の「せーの！」のかけ声で、脚を閉じ、子どもは跳んで脚を開き、着地します。閉じたり開いたりをくりかえします。

せーの！

✎ **アドバイス**

「グーパー跳び」では、最初はゆっくり行い、次第にリズミカルに行うといいでしょう。

ふたりでふれあう

11 ふたりで いっぽんばしコチョコチョ

保育者や親が子どもの手をくすぐったりつねったり、なでたりしてあそびます。

🎼 いっぽんばしコチョコチョ
わらべうた

いっ ぽん ば し　コ チョコ チョ　ばん そこ はって

つ ねっ て　なー で て　ポン

★保育者や親と子どもが向かい合って座り、あそびます。

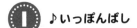

子どもの手のひらを、人さし指でなでます。

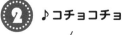

手のひらをくすぐります。

手の甲を軽くたたき、ばんそうこうを貼る真似をします。

手の甲を軽くつねります。

手の甲をやさしくなでます。

手のひらを軽くたたきます。

12 ぼうず ぼうず

保育者や親が子どもと楽しくスキンシップをはかれます。

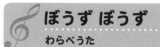

♪ ぼうず ぼうず

わらべうた

ぼう　　ず　　ぼう　　ず　　ひ　ざ　ぼう　　ず

○　○　ちゃん　の　　ぼう　　ず　　こん　にち　　は

★保育者や親は、座って子どもをひざに乗せてあそびます。

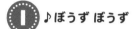 ♪ぼうず ぼうず　 ♪ひざぼうず　 ♪○○ちゃんの ぼうず　 ♪こんにちは

リズムに合わせて、子どもの
ひざを軽くたたきます。

子どものひざをクルクルとな
でます。

❶と同じ動きです。

軽くおじぎをしながら、
子どものひざをなでます。

✏️アドバイス

★ 歌詞の「♪○○ちゃん」のところは、子どもの名前を入れましょう。

★ 最後の「♪こんにちは」のところは、子どもを抱きしめながら、おじぎをしてもいいでしょう。

ふたりでふれあう

13 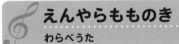 えんやらもものき

子どもを大きくゆらすことで、子どもが全身でリズムを感じられるあそびです。

🎼 えんやらもものき
わらべうた

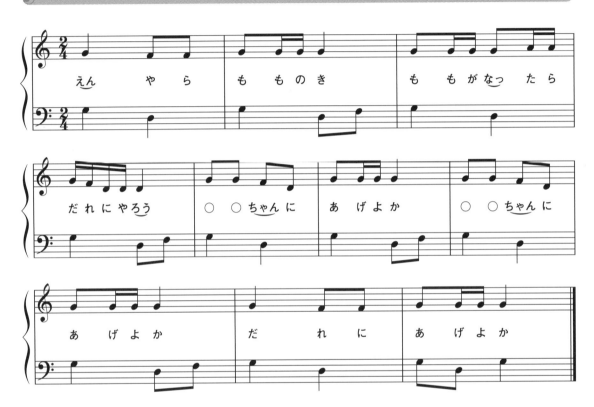

えん　や　ら　も　ものき　も　もがなっ　たら

だ れ に や ろう　○ ○ ちゃん に　あ げよか　○ ○ ちゃん に

あ げよか　だ れ に　あ げよか

あそび 1

保育者や親と子どもが
1対1であそびます。
保育者や親は、子ども
の両脇の下から手を入
れて持ち上げ、1小節
ずつリズムに合わせて
左右に子どもをゆらし
ます。

あそび 2

保育者や親がふた
りで両手、両足を
持ち、リズムに合
わせて左右に子ど
もをゆらします。

14 おざしきはいて

歌に合わせて、保育者や親が子どもの指を一本ずつ曲げていく指あそびです。

🎼 おざしきはいて
わらべうた

おざしきはいて　はいて　おふとん

しいて　（おとうさんがねました）　（おかあさんがねました）

（おにいさんがねました）　（おねえさんがねました）　（そしてあかちゃんもねました）

★保育者や親と子どもが向かい合って座り、あそびます。

 ♪おざしき はいて　　 ♪おふとん しいて　　 ♪おとうさんが ねました　　 ♪おかあさんが ねました…

子どもの両手のひらの上を、指ではくように触ります。

両手のひらの上を軽くたたきます。

子どもの両手の親指を、やさしく寝かせるように折り曲げます。

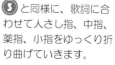

③と同様に、歌詞に合わせて人さし指、中指、薬指、小指をゆっくり折り曲げていきます。

15  ガタゴトゆれる

電車に乗ってゆられている気分を楽しみます。

ガタゴトゆれる
作詞：松島初美／作曲：二階堂邦子

★保育者はひざを伸ばして座り、子どもをひざの上に乗せて、向かい合ってあそびます。

 ♪ガタゴトガタゴト でんしゃが ゆれる
　　ガタゴトガタゴト ぼくも ゆれる

子どもの両手を握り、リズムに合わせてひざを上下にゆらします。

② ♪みぎに おっととと

両手を握ったまま、右に体を傾けます。

 ♪ひだりに おっととと

左に体を傾けます。

 ♪〇〇〇〇せんせいと こっつんこ

おでこを軽くぶつけます。

 アドバイス

最後の「♪ こっつんこ」のところは、「♪ ギュッ！」と言って、子どもを抱きしめてもいいでしょう。

16 どうぶつの親子

いろいろな動物の親子になりきって歌に合わせて歩きます。

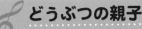

どうぶつの親子

作詞／作曲：井上明美

1. ペンギンの おやや
2. コアラの ーおやや
3. おうまの ーおやや
4. カンガルーの おや

ここここ ががががが ペコうカン ンギラアまうガ ンラうル ラまルル ギラうル ンラまルル

なかよく たの しく あるきま しょう

ペンギンの おやや
コアラの ーおやや
おうまの ーおやや
カンガルーの おや

ここここ ーでででで あああ るるるる いいいい たたたた らららら

ラララララ ラララララ ラララララ ラララララ ペコうカン ンアまガ ギラうル ンラまルル ンギラアラうル

はいおりま しょう だいすきチュッ!

「🎵 **どうぶつの親子**」の歌詞に合わせて、親子は下記の動物ポーズになり、歌に合わせて自由に歩きます。

ペンギン

親の足の上に子どもの足を乗せ、両手をつないで歩きます。

コアラ

親が子どもをおんぶして歩きます。

うま

四つんばいになった親の背中に子どもがまたがり、親が進みます。

カンガルー

親が子どもを後ろから抱きかかえて歩きます。

 「♪はい おりましょう」で子どもを降ろし、「♪だいすき チュッ！」のところでは、子どもが親のほっぺにキスをします。

chu

17 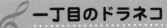 一丁目のドラネコ

歌の最後に指をキャッチされないように、俊敏に動きます。

🎼 一丁目のドラネコ

作詞／作曲：阿部直美

いっ ちょうめ の ド ラ ネ コ に ちょうめ の ク ロ ネ コ

さん ちょうめ の ミ ケ ネ コ よん ちょうめ の ト ラ ネ コ

ご ちょうめ の ネ ズ ミ は お い か け ら れ て

あ わ て て に げ こ む あ な の な か ニャオ 一

♪いっちょうめのドラネコ…
ごちょうめのネズミは

保育者や親と子どもが向かい合って座ります。保育者や親は右手をパーにして前に出し、子どもは右手の人さし指で歌詞に合わせて、親指から人さし指、中指、薬指、小指を順番に軽くタッチします。

② ♪おいかけられて あわててにげこむ

保育者や親は両手を軽く握って、あなをつくります。子どもは両手の人さし指で、保育者や親の体のあちこちを触ります。

 ♪あなのなか

子どもは両手の人さし指を、あなの中に入れます。

 ♪ニャオー

つかまった！

子どもは、つかまらないように人さし指をさっと抜き、保育者や親はあなをギュッと閉じて、人さし指をつかまえます。

 アドバイス

★「♪あなのなか」から「♪ニャオー」の間は、保育者が「まだだよ　まだだよ・・・」と言って
　しばらく間をあけてから「♪ニャオー」と大声で言うとおもしろいでしょう。
★ 保育者や親と子どもは、交代して行ってもいいでしょう。

ふたりでふれあう

18 子どもと子どもがけんかして

表情豊かに楽しめる歌あそびです。

子どもと子どもがけんかして
わらべうた

こ ど も と こ ど も が け ん か し て

く す り や さ ん が と め た け ど

な か な か な か な か と ま ら な い

ひ と た ちゃ わ ら う お や

た ちゃ お こ る プン プン

① ♪こどもとこどもが けんかして

向かい合って両手をつなぎ、左右の手を交互に引っ張り
合います。

② ♪くすりやさんが とめたけど

互いの肩に両手を置いて、一周まわります。

③ ♪なかなかなかなか とまらない

①と同じ動きです。

④ ♪ひとたちゃ わらう

両手で頭とお腹を2回ずつたたきます。

⑤ ♪おやたちゃ おこる

背中合わせになって、怒った真似をします。

⑥ ♪プンプン

おしりを2回合わせます。

19 パンやさんにおかいもの

パン屋さんとお客さんになって、体のいろいろなところを触り合います。

パンやさんにおかいもの

作詞：佐倉智子／作曲：おざわたつゆき

1. パン パン パン やさん に おかい もの
2. ホイ ホイ たくさん まいど あり

サン ドイッ チ に

メ ロン パン ねじ り ドー ナツ パン の みみ

チョ コ パン ふ た ー つ く ださ いな

ハ イ ど うぞ

D.S.

Coda

★はじめにパン屋さん役とお客さん役を決めます。

❶ ♪前奏

自分のまわりを1周します。

❷ ♪パンパン パンやさんに おかいもの

リズムに合わせて手をたたきます。

❸ ♪サンドイッチに

お客さんはパン屋さんのほっぺを両手で
つかみます。

❹ ♪メロンパン

パン屋さんの両目をアッカンベーします。

❺ ♪ねじりドーナツ

パン屋さんの鼻をつまんでねじります。

❻ ♪パンのみみ

パン屋さんの両耳を引っ張ります。

❼ ♪チョコパン ふたつ

パン屋さんの両脇の下をくすぐります。

❽ ♪くださいな

お客さんは2回手をたたき、パン屋
さんの前に両手を出します。

❾ ♪間奏

❶と同じ動きです。

★2番はパン屋さんがお客さんに対して、1番と同じ動作を行います。なお、「♪ハイどうぞ」のところは
❽と同じ動きです。

 # コアラ大変だ！！

参観日などで、いろいろな親と子が、抱きしめ合ったりくすぐり合ったりします。

🎼 コアラ大変だ！！

作詞／作曲：犬飼聖二

① 「♪コアラたいへんだ … どうぶつえんにゆこう」の歌詞の部分は、親子がバラバラになって、歌いながら自由に歩きまわります。

② 歌い終わったところで全員がストップします。保育者は「コアラ！」「パンダ！」「かわうそ！」「ゾウ！」の中のいずれかひとつを発令します。

③ 全員、自由な組み合わせで近くにいる親と子で相手を見つけ、ペアになり、保育者の発令に合わせて、下記の動作をします。

コアラ	パンダ	かわうそ	ゾウ

抱きしめ合います。	おしりをたたき合います。	くすぐり合います。	ジャンプして上で片手をタッチします。

④ またバラバラになって歌いながら歩き、保育者の発令であそびをくりかえします。

21

  もぞもぞ

ジャンケンをして、くすぐったりくすぐられたりするあそびです。

 ❶ ふたり一組になって向かい合います。保育者が「手をもぞもぞ！」と言ったら、ふたりでジャンケンをします。勝った人は、負けた人の手首から脇の下にかけて、毛虫がはうように「もぞもぞ」と言いながら、くすぐるように指を動かします。負けた人は、手をすくめたり笑ったりするのをできるだけがまんします。

❷ 次は、「手をもぞもぞ！」の「手」を、体のいろいろな部分にアレンジしていきます。

頭をもぞもぞ！
頭のてっぺんから鼻や口を通り、首までもぞもぞします。

お腹をもぞもぞ！
おへそのまわりや脇腹をもぞもぞします。

背中をもぞもぞ！
背中を上下して、脇の下までもぞもぞします。

足をもぞもぞ！
太ももから足首のところまで、もぞもぞします。

22 さくらんぼのうた

さくらんぼのように、ふたりが両手をつなぎ、息を合わせて動きます。

 さくらんぼのうた

作詞／作曲：井上明美

ぼ ぼ ぼくらは　さ く ら ん ぼ　ふ た つ で ひ と つ の

さ く ら ん ぼ　い つ で も な か よ し　さ く ら ん ぼ

① ♪ぼ ぼ ぼくらは さくらんぼ

ふたりが向かい合って両手をつなぎ、左右の手を交互に
4回ずつ引っ張り合います。

② ♪ふたつで ひとつの

両手の手のひらを合わせて、上に上げて下げます。

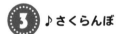

③ ♪さくらんぼ

両手の手のひらを合わせたまま、横に広げて戻します。

④ ♪いつでも なかよし

両手をつないで、しゃがみます。

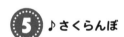

⑤ ♪さくらんぼ

両手をつないだまま立ち上がり、
両手を上に上げます。

23 トントンコチョコチョ

ふたり一組で、歌に合わせてくすぐり合います。

トントンコチョコチョ
作詞／作曲：浅野ななみ

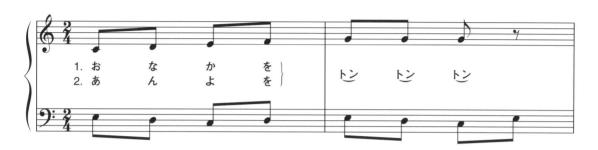

```
1. お  なか     を
2. あんよ       を     トン  トン  トン
```

```
ぐるっとまわって   コ    チョコ  チョ
```

 1番 **1** ♪おなかを トントントン

2 ♪ぐるっと まわって

3 ♪コチョコチョ

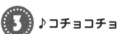

ふたりが向かい合って、グーにした手で
お腹を交互にたたきます。

自分のまわりを一周します。

お互いの体をくすぐります。

 2番 **4** ♪あんよを トントントン

5 ♪ぐるっと まわって

6 ♪コチョコチョ

両手を腰にあて、足踏みをします。

2 と同じ動きです。

5 と同じ動きです。

 **24** 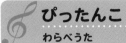 **ぴったんこ**

ふたり一組で、体のいろいろなところをぴったりくっつけるあそびです。

♪ ぴったんこ
わらべうた

ぴーっ　　たん　こ　ぴっ　た　ん　こ

ど　こ　と　ど　こ　が　ぴっ　た　ん　こ

○　　○　と　○　　○　が　ぴっ　た　ん　こ

❶ ふたり一組で向かい合い、両手をつなぎます。
「♪ぴーったんこ ぴったんこ どことどこがぴったんこ」
の部分は、両手を左右にゆらします。

「♪○○と○○がぴったんこ」の○○の部分で、保育者がたとえば「ほっぺと手」「おしりとおしり」などと言い、子どもたちはその動きをします。

ほっぺと手！

おしりと
おしり

✎アドバイス

「♪○○と○○」の部分は、「お腹とお腹」「肩と肩」「足の裏と足の裏」など、おもしろい動きをいろいろ考えて、やってみましょう。

25 かってもまけても

ふたりが向かい合って、歌いながら体をつついたり、くすぐり合ったりします。

🎼 かってもまけても

作詞／作曲：町田浩志

1.～4. む か ー い あっ た ら　ジャン ケン ポン　かっ て も まけ て も

トン トン トン
つん つん つん
コチョ コチョ コチョ
ぎゅっ ぎゅっ ぎゅっ

かっ て も まけ て も

トン トン トン
つん つん つん
コチョ コチョ コチョ
ぎゅっ ぎゅっ ぎゅっ

1番 ♪むかいあったら　　　　 ♪ジャンケンポン

ふたりで向かい合い、4回手をたたきます。

声を合わせてジャンケンをします。

③ ♪かっても まけても

④ ♪トントントン

相手の肩に両手を乗せます。

乗せた手で肩を軽くたたきます。

③④ 2回
くりかえします。

★2番〜4番も **①** 〜 **⑤** は同じ動きです。

♪つんつんつん

人さし指で相手の体をつんつんつつきます。

♪コチョコチョコチョ

くすぐり合います。

♪ぎゅっぎゅっぎゅっ

ぎゅっと抱き合います。

✎**アドバイス**

「♪むかいあったら」のところを「♪お母さん（お父さん）といっしょに」と替えて、参観日などに親子でやっても楽しいでしょう。

26 ふたりで ひっぱりっこ

ふたりで歌いながら手を引っ張り合って楽しみます。

ひっぱりっこ

作詞／作曲：田中昭子

ひっぱりっこひっぱりっこ　ぎゅっぎゅっぎゅー　まける な まける な

ぎゅっ ぎゅっ ぎゅー　ど ちら がつ よい か　ぎゅっ ぎゅっ ぎゅー

ど ちら もつ よい ぞ　ぎゅっ ぎゅっ ぎゅー　（いち にの さん）

① ♪ひっぱりっこ ひっぱりっこ
　　ぎゅっぎゅっぎゅー

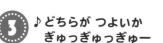
ふたりで向かい合って右手をつなぎ、右足を前に出します。
ひとりがゆっくり手を引っ張ります。

② ♪まけるな まけるな
　　ぎゅっぎゅっぎゅー

①と反対の人が、ゆっくり手を引っ張ります。

③ ♪どちらが つよいか
　　ぎゅっぎゅっぎゅー

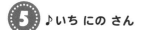
①と同じ動きです。

④ ♪どちらも つよいぞ
　　ぎゅっぎゅっぎゅー

②と同じ動きです。

⑤ ♪いち にの さん

お互いに手を引っ張り、足が動いた方の負けです。

27  せんたくじゃぶじゃぶ

洗濯をする様子を、ふたりが向かい合って表現する歌あそびです。

 せんたくじゃぶじゃぶ

作詞／作曲：不詳

1番 ♪せんたく じゃぶじゃぶ …
じゃぶじゃぶよ

ふたりで向かい合って両手をつなぎ、左右交互に
引っ張り合います。

2番 ♪せんたく ゆすいで … ゆすいでよ

両手を左右にふります。

3番 ♪せんたく しぼって … しぼってよ

両手を開いたり閉じたりします。

4番 ♪せんたく ほして … ほしてよ

ひとりが両手を横に広げて物干し竿役になり、もうひとりは
両手を上から下に下げ、洗濯物を干す真似をします。

♪ランラ ランラ ランラ ランラ …
ランラ ランラ ラン

その場で手をたたきながら足踏みしてまわります。

歌が終わったら両手を上げ、右足を前に出してポーズを
とります。

ふたりでふれあう

28 あくしゅでこんにちは

握手をしてあいさつをし、最後にまた握手をして離れていくまでの歌あそびです。

 あくしゅでこんにちは

作詞：まどみちお／作曲：渡辺 茂

1.て　く　て　く　　て　く　て　く　　あ　る　い　て　　き　て
2.も　にゃ　も　にゃ　も　にゃ　も　にゃ　お　は　な　し　　し　て

あ　　　く　　　　　しゅ　　　　で　で　　こん　　に　う　ち　な　　は　ら
あ　　　く　　　　　しゅ　　　　　　　　　さよ

ご　き　げ　ん　　　い　　　　か　し　　が　た　　　　　二
ま　た　ま　た　　　あ

♪てくてくてくてく あるいてきて

 **♪あくしゅで**

ふたりが向かい合い、少し離れたところから歩いて近づきます。

握手をします。

 ♪こんにちは

♪ごきげんいかが

手をつないだまま、おじぎをします。

お互いの肩を両手で7回たたきます。

2番

 ♪もにゃもにゃもにゃもにゃ
おはなしして

 ♪あくしゅで さようなら

 ♪またまた あした

両手を口もとにあて、指先をつぼめたり
開いたりします。

 と同じ動きです。

両手を上でふりながら、後ろへ下がって
いきます。

 **アドバイス**

相手を替えてくりかえし行います。なお、**7**で後ろへ下がっていくときに、他の子どもにぶつから
ないように注意しましょう。

29 フープリレー

体をくねらせて、フープを通して楽しむリレーゲームです。

① 5人対5人、または10人対10人などに分かれ、A・Bチームをつくります。

② A・Bチームとも横一列になって手をつなぎ、先頭の人がフープを持ちます。

③ 保育者の合図で、先頭の人が手をつないだまま、フープを頭や手を通して、次の人に送っていきます。
次の人も、同様にしてその次の人に送ります。

④ 最後の人は、コーンなどにフープをかけてゴールします。先にゴールしたチームの勝ちです。

ゴール

アドバイス

A・Bの2チーム以外に、3〜4チームに分けたり、クラス対抗にして行ってもおもしろいでしょう。

30 フープくぐり競争

手をつないで輪になり、フープを次々送っていく競争です。

① 5～6人で一組のチームをいくつかつくり、チームごとにリーダーをひとり決めます。

② 各チームにひとつフープを用意し、リーダーの左手にかけ、チームごとに手をつないで輪になります。

③ 保育者の合図で手をつないだままフープに頭や体を通して、右側の人に送っていきます。

④ フープが最初にリーダーのところに戻ってきたチームの勝ちです。

アドバイス

参観日などに、親と子が交互に並んで輪になり、１０人で一組くらいのチームで競ってもおもしろいでしょう。

子どもがみんなでふれあう

31 フープおにごっこ

フープに逃げ込めるおにごっこです。

① クラス全員であそびます。おにをふたり決め、逃げる人を3人決めます。その他の子どもたちは、ふたり組になり、フープの中にそれぞれ手をつないで入ります。

② おには逃げる人を追いかけます。

③ 逃げる人は、フープの中に逃げ込むことができます。フープの中に入り、片方の人と手をつなぐと、もう片方の人はフープの外に出て、逃げる人になります。

④ 逃げる人がおににつかまったら、おにを交代します。

つかまえた！

セーフ！

にげなくちゃ！

32 握手ゲーム

子どもたち同士が、触れ合いながら仲よくなれるゲームです。

子どもたちは輪になっていすに座ります。保育者が子どもの名前を呼んだら、他の子どもたちは、その子どものところへ行き、握手をして元の席に戻ります。

子どもがみんなでふれあう

アドバイス

保育者は、できれば全員の名前を呼びましょう。もし人数が多く、それが難しい場合は、おとなしい子どもや、元気のない子どもの名前を呼んであげましょう。

33 みんなでまねっこ

保育者のかけ声を真似して、みんなで前、後ろ、ジャンプ、キックの動きをします。

① 全員が輪になって手をつなぎます。保育者は、「まーえ！」「うしろ！」「ジャンプ！」「キック！」のいずれかのかけ声をかけ、子どもたちはその言葉を真似して声に出し、それぞれの動きをします。

② 「まーえ！」のときは、前に一歩進みます。

③ 「うしろ！」のときは、後ろに一歩進みます。

「ジャンプ！」のときは、その場でジャンプします。

5 「キック！」のときは、その場で片足を上げてキックする真似をします。

🖊️アドバイス

★「まーえ！」をくり返して、輪を小さくしたり、「うしろ！」をくり返して輪をめいっぱい広げたりしてもおもしろいでしょう。
★ 保育者のかけ声をゆっくりにしたり、速くしたり、適宜変えてもいいでしょう。
★ 保育者は、「まーえ！…じゃなくて、うしろ！」など、フェイントをかけてもおもしろいでしょう。
★「しゃがむ！」「立つ！」などの動作を加えてもいいでしょう。

34 目玉焼きゲーム

3人一組で、目玉焼きの白身と黄身になって、楽しむゲームです。

① リーダー（発令者）をひとり決め、リーダー以外の子どもは、3人一組になります。3人のうち、ふたりは向かい合って両手をつなぎ、もうひとりはその中に入ります。向かい合ったふたりは白身役、中のひとりは黄身役とします。

② リーダーが「黄身！」と発令したら、黄身の人は白身から出て、別の白身の中に移動します。リーダーも黄身になり、すばやくどこかの白身の中に入ります。あぶれた人が、次のリーダーになります。

リーダーが「白身！」と発令したら、白身の人は手を離し、別の黄身のところに行き、再び白身になって別のふたりで手をつなぎます。リーダーも、どこかの白身になります。あぶれた人が、次のリーダーになります。

白身！

④ リーダーが「目玉焼き！」と発令したら、全員がバラバラになって、白身も黄身も関係なく、新たな3人組になります。次々とあそびをくりかえします。

🖊 アドバイス

「目玉焼きゲーム」を「おまんじゅうゲーム」に替えて、あんこ役と皮役にしてもいいでしょう。

35 オオカミさん今何時？

童話「オオカミと7匹の子ヤギ」をモチーフにしたあそびです。

① 地面に大きく家の形と丸の形を描きます。室内で行う場合は、ロープなどで床に形をつくり、固定します。保育者はオオカミ役になり、子どもたちは全員家の形の中に入ります。

② 下記のようなかけ合いをくりかえします。

保育者
トントントン

子どもたち
オオカミさん、今何時？

保育者
夜中の1時

子どもたち
あー、よかった！
オオカミさん、今何時？

保育者
おやつの3時

子どもたち
あー、よかった！

保育者が「夜中の12時！」と言ったときだけ、子どもたちは丸の陣地に逃げます。
保育者は、逃げる子どもたちをつかまえます。
つかまった子どもは、次からは保育者とともにオオカミ役になり、徐々にオオカミが増えていきます。

 保育者
トントントン

 子どもたち
オオカミさん、今何時？

 保育者
夜中の12時！

子どもがみんなでふれあう

36 暗号ジャンケン

暗号を送って、みんなでジャンケンをします。

① 6人で一組のチームを2チームつくります。各チームとも、となりの人と手をつないで、2チームで向かい合います。

② それぞれのチームのいずれかの端の人をチームリーダーとします。リーダーは、ジャンケンの何を出すかを決めて、暗号（となりの人の手を握る回数）を送ります。たとえば、1回握ると「グー」、2回握ると「チョキ」、3回握ると「パー」などと、あらかじめ決めておきます。

リーダー

リーダー

3回

手を握る暗号の例

グー =1回　　チョキ =2回　　パー =3回

暗号がチームの最後の人まで伝わったら全員手を放し、いっせいに暗号どおりのジャンケンを出します。
ひとりも間違えずに勝てたチームの勝ちです。

★チームとして勝っても、ひとりでも違うものを
出していたら負けです。

✎アドバイス

チームが４つ以内なら、全チームで向かい合って、全チーム対抗にするのもいいでしょう。

37 背中伝言ゲーム

指で背中に文字を書いて、伝言していきます。

1 5～6人で一組のチームをいくつかつくり、チームごとに一列に座ります。

2 保育者は、最後尾の子どもに2文字程度の言葉を伝えます。

3 最後尾の子どもから、順番に前の子どもの背中に指でその文字をひらがなで書いて伝言していき、最前部の子どもが答えます。正しく伝わったチームの勝ちです。

38 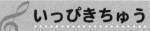 いっぴきちゅう

最後にネズミになって、両手でつくったひげを動かす歌あそびです。

🎼 いっぴきちゅう
わらべうた

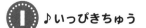 **1番** ♪いっぴきちゅう

 ♪もとにかえって

3 ♪にひきちゅう

輪の内側に向かって4歩歩きます。

輪の外側に向かって4歩下がります。

① と同じ動きです。

 2番 ♪にひきちゅう
② と同じ動きです。

♪もとにかえって
① と同じ動きです。

♪さんびきちゅう
② と同じ動きです。

3番 は **1番** と同じ動きです。

 ♪ちゅうちゅうちゅう

両手を口の横で開いてネズミのひげを
つくり、3回動かします。

 アドバイス

「♪ちゅう」の歌詞の動作をいろいろな動物にアレンジして楽しみましょう。
(ex.「♪ワン」(イヌ)、「♪ニャン」(ネコ)、「♪ブヒ」(ブタ)、など)

子どもがみんなでふれあう

一緒に足曲げ

「♪ごんべさんのあかちゃん」を歌いながら相手を見つけて、一緒に屈伸します。

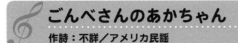

ごんべさんのあかちゃん

作詩：不詳／アメリカ民謡

ごん べさん のあ かちゃん が か ぜひ いた

ごん べさん のあ かちゃんが か ぜひ いた ごん べさん のあ かちゃんが

か ぜひ いた と て もあ わてて しっ ぷ した

「♪ごんべさんのあかちゃん」を歌いながら自由に歩きます。

 2小節目の「♪かぜひいた」の「た」の部分で、近くにいる子と両手をつないで一緒に屈伸をします。

 再び歩き出し、4小節目、6小節目、8小節目の最後の「た」の部分でも、②と同じ動きをします。

アレンジバージョン

アレンジ 1 「た」の部分で両手でハイタッチ

アレンジ 2 「た」の部分でほっぺをつんつん

✏アドバイス

上記のアレンジバージョンの他にも「肩をもみもみ」「くすぐりっこ」「おしり合わせ」など、
いろいろアレンジしてやってみましょう。

40 おつかいありさん

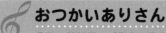

歌詞の「♪ちょんちょん」や「♪ちょん」のところで、近くにいる子どもとハイタッチをします。

おつかいありさん

作詞：関根栄一／作曲：團 伊玖磨

1.あ ん ま り い そ い で こ っ つ ん こ
2.あ い た た ご め ん よ そ の ひょ う し

あ り さん と あ り さん と こ っ つ か ん こ
わ すれ た わ すれ た お つ か い を

あっ ちいっ て ちょん ちょん こっ ちき て ちょん
あっ ちいっ て ちょん ちょん こっ ちき て ちょん

① 保育者は、歌い始める前に、「手と手」などと指示を出します。

② 「🎼 おつかいありさん」を歌いながら、手足を大きく動かして、自由に歩きます。

③ 歌詞の「♪ちょんちょん」の部分で2回、「♪ちょん」の部分で1回、近くにいる子とふたり組になっ
て、ハイタッチをします。

④ 再び歩き出し、2番も同様に行います。

子どもがみんなでふれあう

アレンジバージョン

★ほっぺと指

★おしりとおしり

✏️アドバイス

★ 上記のアレンジバージョンの他にも、「肩と肩」「背中と背中」「手と耳」など、いろいろアレンジ
してやってみましょう。

★ 毎回違う人とふたり組になる、などのルールを設けてもいいでしょう。

41 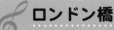 ロンドン橋で言葉あそび

「ロンドン橋」のあそびで、おに役になった子に指示された言葉を次々言っていくあそびです。

🎼 ロンドン橋
作詩：高田三九三／イギリス民謡

ロン　ド　ばし　が　お　ち　る　　お　ち　る　　お　ち　る

ロン　ド　ばし　が　お　ち　る　　さあ　ど　う　し　ま　しょう

① 通常の「ロンドン橋」のあそびをします。おに役をひとり決め、保育者とふたりで橋をつくります。
他の子どもたちは「🎼 **ロンドン橋**」を歌いながら、橋をくぐります。
歌い終わったところで橋のふたりはちょうどその下にいた子をつかまえ、つかまった子が次のおに
役になります。

おにになった子が、たとえば「『あ』のつくもの」など、語頭の音を決めます。
他の子どもたちは、橋の下をくぐりながら、たとえば「アイスクリーム」「アヒル」など、おにに
指示された言葉を言ってから通り抜けます。

 橋のふたりが１０秒数えるまでに言葉を言えなかったら、次のおにになり、また ❶ のあそびに戻
ります。おにが変わるたびに、❶ と ❷ のあそびを交互にくりかえします。

📝 アドバイス

　★ ❷ のあそびでは、橋の下をくぐる子どもたちが全員言葉を言えたら、おには別の語頭の音を
　　指示してもいいでしょう。

　★ 一度誰かが言った言葉は言えず、もし言ってしまったら、次のおにになる、というルールにし
　　てもいいでしょう。

42

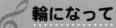 輪になって

言われた動物や、ものの足の数だけ集まる歌あそびです。

輪になって

作詞：横笛太郎／作曲：兼永史郎

子どもたちは全員輪になって手をつなぎ
ます。保育者は、輪のまん中に立ちます。
歌を歌いながら、時計と反対まわりにま
わります。

② 歌の最後の「♪モゥー」のあとの〇〇のところで、保育者が大きな声で足のあるものをさけびます。
子どもたちは、その足の数だけ集まります。
（ex. ハト→ふたり、カメ→4人、タコ→8人、イカ→10人、かかし→ひとり、机→4人）

ライオン！

✎アドバイス

年長児なら、たとえば「ブタとカラス」「イカとウシ」など、足し算を入れて、あそびを高度
にしてもいいでしょう。

43 GOGO! ジャンケン列車

歌いながら列車になって動き、ジャンケンをして列車がどんどん長くなっていきます。

GOGO! ジャンケン列車

作詞：不詳／アメリカ民謡

★「♪10人のインディアン」の替え歌です。

ゴー ゴー ゴー ゴー ジャン ケン れっ しゃ ゴー ゴー ゴー ゴー

ジャン ケン れっ しゃ ゴー ゴー ゴー ゴー ジャン ケン れっ しゃ

こん どの あい ては き みだ ガッシャーン！

① 歌を歌いながら、両手を胸の横で動かして、列車の真似をして自由に動きまわります。

② 「♪こんどのあいてはきみだ」の部分で、ジャンケンをする相手を探し、「♪ガッシャーン！」の部分でふたり組になり、ジャンケンします。

③ ジャンケンに負けた人は勝った人の後ろから肩に両手を乗せて、ふたり組の列車になります。

④ 次は、ふたり組の先頭の人同士でジャンケンをし、負けたふたり組が勝ったふたり組につながります。

⑤ 同様にくりかえし、最後にひとつの列車になるまで続けます。

✏️アドバイス

最後にひとつの列車になったら、保育者は先頭の子どもの名前をつけた列車「"○○ちゃん号"が走ります！」などと言って盛り上げてもいいでしょう。

44 電車をつなごう

歌に合わせて電車を長くつなげていくあそびです。

電車をつなごう

作詞／作曲：井上明美

でん　　しゃ　を　つ　な　ごう　　でん　　しゃ　を　つ　な　ごう

な　が　　く　な　が　　く　　でん　　しゃ　を　つ　な　ごう

1 8〜15人が一組になってあそびます。はじめにリーダーをひとり決めます。

2 リーダー以外の子どもたちは、自由にバラバラになって立ち、全員で歌を歌います。リーダーは、歌の間は歌いながら立ち止まっているみんなの間を小走りで自由にぐるぐる動きます。

3 リーダーは4小節目の「♪でんしゃをつなごう」の最後の「ごう」のときに、誰かの肩に背中からポンと両手を乗せます。

4 肩に手を置かれた子どもが次のリーダーとなり、二両連結で、また歌をくりかえします。全員が連結するまで歌をくりかえし、電車をつなげていきます。

アドバイス

電車が次々につながって長くなっていったときに、走っている途中で手が肩から離れて連結が切れてしまわないように、注意しましょう。

45  もぐらどん

寝ているもぐらに、つかまらないようにする追いかけっこです。

🎼 もぐらどん
わらべうた

もぐらどんの おやどかね

つちごろり まいった ほい〈セリフ〉

① もぐら役をひとり決めます。他の子どもたちは、輪になって手をつなぎ、もぐらは輪のまん中で寝ているふりをします。

② ♪もぐらどんの おやどかね

歌いながら時計と反対まわりに歩きます。

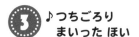
③ ♪つちごろり まいった ほい

輪の中央に向かって6歩歩き、「♪ほい」で止まります。

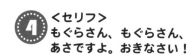
④ 〈セリフ〉もぐらさん、もぐらさん、あさですよ。おきなさい！

みんなでもぐらに声をかけます。

⑤ もぐらが起きたら、手を放して逃げます。もぐらは、追いかけてひとりをつかまえます。つかまった人が次のもぐらになり、あそびをくりかえします。

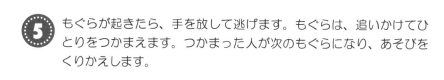

子どもがみんなでふれあう

46 ぐにゃぐにゃへび

みんなでヘビになって、ぐにゃぐにゃ走りまわります。

ぐにゃぐにゃへび

作詞：志摩 桂／インドネシア民謡

① 10〜15人であそびます。リーダーをひとり決め先頭になり、他の子どもたちは全員、前の人の肩や腰に手をあてて一列になって並び、ヘビになります。

② 歌いながらヘビはぐにゃぐにゃと動き始め、先頭のリーダーは列の最後の人、つまりヘビのしっぽを追いかけます。

③ しっぽの人は、リーダーにつかまらないように逃げます。つかまってしまったら、その人が先頭になり、次のリーダー役になります。リーダーが交代したら、また初めから歌い始め、あそびをくりかえします。

47 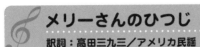 メリーさんのひつじ

「🎼 メリーさんのひつじ」をモチーフに、ヒツジがオオカミにつかまらないように逃げるあそびです。

🎼 メリーさんのひつじ

訳詞：高田三九三／アメリカ民謡

1 ヒツジ役を6人と、オオカミ役をひとり決めます。それ以外の子どもたちは、半分に分かれて、手をつないでふたつの輪をつくります。これをヒツジの家に見立てます。

2 ヒツジは、ふたりずつそれぞれの輪の中に入り、残りのふたりは、輪の外の、オオカミから離れたところに立ちます。

3 手をつないでいる子どもたちが「♪メリーさんのひつじ」を歌っている間、輪の外のヒツジたちは、オオカミにつかまらないように逃げます。オオカミはどちらかのヒツジをつかまえようとします。

4 1番が歌い終わったら、外のヒツジたちは、輪の家の中へ逃げこみます。ふたりのヒツジが同じ家に入ったら、家の中にいたふたりのヒツジは外に出ます。別々の家に入ったら、それぞれの家の中にいたヒツジのどちらかひとりが外に出ます。常に家の中には、ふたりのヒツジがいるようにします。

5 歌の2番以降も同様に行います。途中でヒツジがオオカミにつかまったら、オオカミ役を交代します。

オオカミ役

6 6番まで歌い終わったら、ヒツジ役、オオカミ役と、輪の子どもたちを交代して、あそびをくりかえします。

48 糸屋のおばさん

クラス全員で盛り上がれるあそびです。

🎼 糸屋のおばさん

作詞：小林恵子／作曲：中村佐和子

いとや のお ばさん　いない まに　いと いととが

けんか して　あっ という まに　もつ れた

いとや のお ばさん　いと いてお く　れ

① クラス全員であそびます。まず、糸屋のおばさん役の子どもを3～4人決め、離れた場所で待ちます。残りの子どもたちは、輪になります。

② 輪になった子どもたちは、歌を歌いながら、他の子どもの手の下をくぐったりしてからみ合い、もつれた糸のような状態になります。歌が終わったら止まります。

③ 糸屋のおばさん役の子どもたちが、糸をほどいて、もとの輪の状態に戻していきます。きれいに戻せたら、糸屋のおばさん役を交代してあそびを続けます。

✏ **アドバイス**

糸になった子どもたちは、糸屋のおばさんが糸をほどいているときに、つないでいる手が離れないように注意しましょう。

49 たけのこいっぽん

［おに］と［たけのこ］のかけ合いが楽しい歌あそびです。

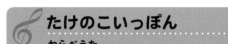

たけのこいっぽん
わらべうた

〈おに〉たけのこいっ ぽん　ちょう だい な

〈たけのこ〉ま　だ め が　で ない　よ

〈おに〉た け の こ に ほん　ちょう だい な

〈たけのこ〉も　う め が　で た　よ

1 6〜7人であそびます。［おに］をひとり決め、他の子どもたちはみんな［たけのこ］になって、一列になります。

2 先頭の子どもは、木や柱にしっかりとつかまってしゃがみます。他の子どもたちも、前の子どもの肩や腰などに手をまわし、しっかりとつながってしゃがみます。

3 ［おに］と［たけのこ］で歌のそれぞれのパートをかけ合うように歌います。

4 ［たけのこ］が「♪もうめがでたよ」と歌ったら、［おに］は列の一番後ろの［たけのこ］を引っ張ります。耐えきれずに手を放した子どもが、次の［おに］になります。

✎アドバイス

歌詞のたけのこの芽の出る数は、みんなで自由に決めてもいいでしょう。

50 ゾウさんとクモの巣

ゾウが次々とつながり、最後に一斉に倒れるあそびです。

ゾウさんとクモの巣

作詞：馬場祥弘／外国曲

1. ひとりの
2. ふたりの
3. さんにんの　ぞうさん　クモのすに　かかってあそんで　おりました
4. よにんの
5. ごにんの

1.～4. あんまり ゆかいに　なったので　もひとりおいでと　よびました
5. あんまり おおぜい　のったので　ドスンといとが　きれました

❶ 5人が一組になってあそびます。5人のうち、ゾウ役をひとり決め、他の子どもたちは輪になって手をつないで歌います。

② ゾウ役の子どもは、手をゾウの鼻に見立ててブラブラゆらしながら、輪の外を歩きます。歌詞の最後の「♪よびました」の「た」のところで、近くにいる子の肩をポンとたたきます。

③ たたかれた子は、ゾウの後ろにつき、ゾウの肩や腰に手をあててつながります。

④ 2〜4番も同様にあそび、次々とつながっていきます。

⑤ 5番の歌詞の最後「♪ドスンといとがきれました」を歌い終わったら、みんな一斉に倒れます。

✏️ **アドバイス**

最後に一斉に倒れるとき、他の子にぶつかったり、思いきり強く倒れてけがをしないように注意しましょう。

51 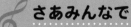 さあみんなで

歌に合わせて、となりの人の肩やひざをたたきます。

🎼 さあみんなで

作詞／作曲：浅野ななみ

さあ みん なで　みん なで　あ つ ま ろ う

お と な り　さ ん　の　か た た た　こ う

お と な り　さ ん　の　ひ ざ た た　こ う

いっ　しょ に　とん とん とん とん　とん　さ あ

みん な で　みん な で　あ つ ま ろ う

★はじめる前に、子どもたちは輪になったり、何列かになって座り、手をつなぎます。

 ♪さあ みんなで みんなで あつまろう

リズムに合わせて手をゆらします。

 ♪おとなりさんの かたたたこう

左どなりの人の肩をたたきます。

 ♪おとなりさんの ひざたたこう

左どなりの人のひざをたたきます。

 ♪いっしょに とんとんとんとんとん

「♪とんとんとんとんとん」のところで3回手を
たたき合います。

 ♪さあ みんなで みんなで あつまろう

❶と同じ動きです。

✏️アドバイス

★「♪かたたたこう」「♪ひざたたこう」のところは、「♪みみさわろう」「♪あたまなでよう」など、
　別の言葉と動作に替えてもいいでしょう。
★子どもたちを集めて、何かを始めるときの歌あそびに向いています。

子どもがみんなでふれあう

52 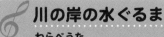 川の岸の水ぐるま

スリルを味わいながら、ふたり組になる歌あそびです。

川の岸の水ぐるま
わらべうた

かわの きしの みずぐるま ぐるっと まわって いそいで ふたりづれ のこりは おに よ いちにっさん

★奇数人数であそびます。まず、輪になって手をつなぎます。

 1 ♪かわの きしの みずぐるま
　　ぐるっとまわって いそいで
　　ふたりづれ のこりは おによ

歌いながら、右に8歩、左に8歩をくりかえして歩きます。

 2 ♪いちにっさん

急いで相手を見つけてふたり組になり、座ります。

3 ふたり組になれなかった子どもはおにになり、
輪のまん中に立ちます。
あそびをくりかえし、また「♪いちにっさん」
でふたり組になります。そのとき、おにも誰か
とふたり組になります。あぶれた子どもが次の
おにになります。

 アドバイス

★ 奇数人数の場合、ひとり余るのでおにになりますが、年少児など年齢が低い場合は、偶数人数
　にして必ずふたり組になれるようにするといいでしょう。

★ となりの人とはふたり組になれない、おには誰とでもふたり組になれるなど、ルールをつくっ
　てもいいでしょう。

★ 歌う速さを変えて、変化をつけるとおもしろいでしょう。

子どもがみんなでふれあう

53

あんよでトントン おててをパチパチ

クラス全員で輪になったり、列になってあそべる歌あそびです。

あんよでトントン おててをパチパチ

作詞：浅野ななみ／作曲：佐倉智子

さ あおど りましょう お ててを つ なぎ

あっち むい て こっち むい て ぐるっ とまわ りゃ いいの よ

あ ん よ で トン トン トン お てて を パチ パチ パチ

あっち むい て こっち むい て ぐるっ とまわ りゃ いいの よ

★はじめる前に、子どもたちは輪になったり何列かになります。

 ♪さあ おどりましょう

3回手をたたきます。

 ♪おててを つなぎ

手をつないでゆらします。

 ♪あっちむいて こっちむいて

手をつないだまま右を向き、左を向きます。

 ♪ぐるっと まわりゃ

手を放して左右の手を交差させて、1回まわします。

 ♪いいのよ

①と同じ動きです。

 ♪あんよで

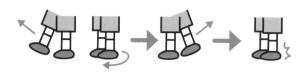

右、左の順に足を前に出し、同様に右、左と後ろに足を戻します。

 ♪トントントン

両足で3回跳びます。

 ♪おててを

右、左の順に手を前に出します。

 **♪パチパチパチ**

①と同じ動きです。

♪あっちむいて こっちむいて

右手を右目の上にかざし、右を向き、左を向きます。

 ♪ぐるっと まわりゃ いいのよ

④⑤と同じ動きです。

子どもがみんなでふれあう

54 上ばきさがし

自分の上ばきを探して、親のところに戻ります。

1 クラス全員の親が輪になって座ります。

2 保育者は、子どもの上ばきを片足ずつ集め、輪のまん中に置きます。

3 子どもは親のひざに座ります。

4 保育者の合図で子どもは自分の上ばきを探しに行き、見つけたらはいて、親のひざに戻ります。

5 次は、子どもの両足の上ばきを集めて輪のまん中に置き、**3**、**4**と同様に行います。

アドバイス

上ばきに書かれている自分の名前が読めない子どもには、上ばきに好きなマークを描いておくといいでしょう。

よしだ
みか

55 お父さん★お母さんさがし

大勢の親の中から、自分の親を探します。

1 全クラスの親が集まり、輪になって、中心に向かって立ちます。

2 子どもは輪のまん中に集まって、だんご虫のように小さくなって目をつむります。

3 保育者の合図で自分の親を探しに行き、見つかったら親子で手をつなぎます。

4 慣れてきたら、親は横を向いて輪になり、**2** **3** と同様に行います。

アドバイス

★ 人数が多いほどあそびがおもしろいので、全クラスの人数が少ない場合は、全学年で行うといいでしょう。
★ 自分の親がなかなか見つけられない子どもには、親が「○○ちゃん！」と子どもの名前を呼んであげるといいでしょう。

親も子どももみんなでふれあう

56 鳥かごゲーム

親たちが鳥かごになり、鳥になった子どもたちを逃がさないようにするゲームです。

1 親は全員で手をつなぎ輪になり、大きな鳥かごをつくります。

2 子どもは全員、輪の中に入り、鳥のように両手を広げて動かしながら、輪の中を自由に動きまわります。

3 保育者の合図で、子どもたちは鳥かごから外に出ようとします。親たちは手をつないだまま、子どもたちを逃がさないようにします。

57 おしりでとおりゃんせ

背中合わせの親の間を通り抜け、親はおしりでそれを邪魔します。

1 親は全員で2列になり、少し間をあけて背中合わせになります。

2 子どもは親の列の前で1列になります。

3 子どもはひとりずつ親の列の間を通り抜けます。親はおしりをつき出したり動かして、それを邪魔します。

きゃー！

えい！

ドン！

よいしょ！

親も子どももみんなでふれあう

58 ひざとりフルーツバスケット

親のひざをいすの替わりにして、フルーツバスケットのゲームをします。

① クラスの子どもの人数を3〜4つに分け、3〜4種類のくだもの（ex. いちご、メロン、バナナ‥‥）をひとつずつ描いたカードにひもやリボンなどをつけ、それぞれ人数分用意します。ひとり1枚ずつカードを首から下げます。

② 親は輪になって座り、ひざの上に自分の子どもを座らせます。ひとりの子どもだけはリーダー（発令者）になり、輪のまん中に立ちます。その子どもの親は、輪から外れます。

リーダーが「いちご!」と発令したら、いちごのカードをかけた人が立ち上がり、他の親のひざに座ります。そのとき、リーダーもあいている親のひざに座ります。あぶれた人が次のリーダーになります。「いちごとバナナ!」と2つ以上発令してもOKです。また、「フルーツバスケット!」と発令したときは、全員が立ち上がり、ひざを替えます。

いちご!

✏️アドバイス

★ 全員の数が少ない場合、くだものの種類が多いと、いすから立ち上がる子どもの数が少なくなるので、全員の数に合わせてくだものの種類を決めましょう。

★ くだものは、花や虫の名前に替えたり、数字に替えてもいいでしょう。

★ 子どもたちは、リーダーになりたい（発令したい）ために、わざと座らなかったり、ひざをゆずり合ったりすることがあるので、3回リーダーになったらゲームから外れる、などのルールを設けるといいでしょう。

59 くっつきおに

背中合わせにくっつけば、5秒間つかまらないおにごっこです。

① 親の中からひとり、子どもの中からひとり、合計ふたりのおに役を決め、おに以外の親と子どもは、おににつかまらないようにバラバラに逃げます。

② 逃げている人は、おにが近づいたら他の人とふたりで背中合わせにくっつきます。くっつくふたりは、親と子ども、親同士、子ども同士のどんな組み合わせでもOKです。背中合わせのうちは、おにはつかまえることができません。

おには背中合わせになったふたりの近くで5秒数えます。数えている間はおにはつかまえることはできません。背中合わせのふたりは、おにが5秒数え終わるまでに離れて逃げます。

④ おににタッチされたらアウトで、おにを交代します。

✐ アドバイス

おににつかまった人は、最初のおにと一緒に新しいおにになり、逃げる人をつかまえ、次々におにが増えていく、というルールにしてもいいでしょう。その場合、最後までつかまらなかった人の勝ちです。

親も子どももみんなでふれあう

60  新聞紙ゲーム

だんだん小さくなっていく新聞紙に、親子で乗って競います。

 親子に1枚の新聞紙を配り、ふたりで新聞紙の上に乗ります。

② 親または子どもと保育者がいっせいにジャンケンをします。

ジャンケン　ポン!

ジャンケンで負けた場合、またはあいこの場合は、新聞紙を2つ折りにします。このとき折り方は自由ですが、必ず半分に折ります。ジャンケンに勝った場合のみ新聞紙は折らなくてOKです。

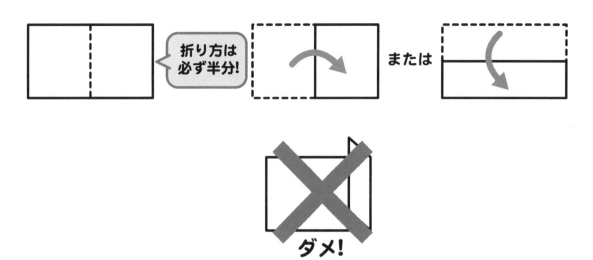

 ジャンケンを続け、最後まで新聞紙に乗り続けられた親子がチャンピオンです。

61 ジャンケン列車

次々にジャンケンをして、列車を長くつなげていきます。

① 親子がバラバラになって自由に歩きます。保育者の合図で、それぞれ自由な組み合わせで親と子で相手を見つけ、ふたりでジャンケンをします。

② 負けた人は勝った人の後ろにつき、肩につかまってつながります。

次の相手を見つけ、先頭の人同士でジャンケンをします。このとき、親と子の相手だけでなく、親同士、子ども同士のジャンケンでもいいものとします。

 負けたグループは、勝ったグループの後ろの人につながります。

次々あそびをくりかえし、最後にひとつの長い列車になったら、つながったまま列車が切れないようにして、自由に歩きます。

親も子どももみんなでふれあう

62  たけのこジャンケン

ジャンケンをして負けたら、抱っこ→おんぶ→肩ぐるまと、たけのこのように伸びていきます。

① 子どもが赤白の帽子などをかぶり、クラスをふたつに分け、それぞれ陣地に入ります。

② 親子で手をつなぎ、保育者の合図で陣地を出て、子どもは近くの相手チームの子どもとジャンケンをします。勝ったらそのままで、負けたら、親は子どもを抱っこします。

③ 次のジャンケンで抱っこの子どもが負けたら親はおんぶし、勝ったら手つなぎに戻ります。

④ おんぶの子どもが負けたら親は肩ぐるまをして陣地に戻ります。勝ったら抱っこに戻ります。

時間を決めて競い、手をつないでいる親子が多いチームの勝ちです。

63 親子でくねくねジャンケン

くねくねの線の上を親子で走り、ジャンケンをするゲームです。

1 親子がペアになり、親子ペアが 4〜6 組いるチームを 2 チームつくります。

2 離れた場所に各チームの陣地をつくり、くねくねの線でつなぎます。

3 保育者の合図で、各チームの先頭の親子ペアが手をつないでくねくねの線の上を相手の陣地に向かって走ります。

④ 出会ったところで、子ども同士がジャンケンをします。勝ったペアは進み、負けたペアは「負けた！」と言って、負けたことを自分のチームに伝え、自分のチームの後ろにつきます。負けたチームは、次のペアが走っていきます。

⑤ 次々にジャンケンをくり返して、相手の陣地に先にたどり着いたチームの勝ちです。

✎アドバイス

★ 親子ペアではなく、親と子がひとりずつ交互に走って、ジャンケンしてもいいでしょう。

★ 親チームと子チームに分かれて、親子対抗にしてもいいでしょう。

64 親子みんなで ロープゲーム

ロープで大小さまざまな輪をつくり、みんなでゲームをします。

あそび 1

1 ロープを使って大小さまざまな大きさの輪をつくり、親子のペア分、床に並べます。

2 親子はバラバラになって、適当な音楽に合わせて自由にロープの外側を歩きます。

3 保育者の合図で、自由な組み合わせで親と子がふたりでひとつのロープに入ります。

4 慣れてきたら、いす取りゲームのようにひとつずつロープの数を減らしていき、最後まで残った親と子がチャンピオンです。

① 保育者は、合図をする際に、「3人」「4人」…など、ロープの輪に入る人数を指定します。

② 保育者は、「5人」「6人」…と、指定する人数を増やしていきます。

5人！

アドバイス

② では、指定された人数のうち、必ずひとりは親が輪に入らなければいけない、などのルールを設けてもいいでしょう。

65 親子みんなで トンネル＆フープくぐり

トンネルをくぐり、フープをくぐってゴールします。

1 クラスの親子を何チームかに分けます。

2 チームごとに親は1列になり、前の人の肩に両手を置き、脚を開いてトンネルをつくります。

3 トンネルの先頭から2mくらいのところにフープをひとつ置いておきます。

4 トンネルの手前にスタート＆ゴールラインをつくり、子どもたちはチームごとに1列に並びます。

5 保育者の合図で、子どもはトンネルをくぐります。

スタート
＆
ゴール

6 先頭の子どもがフープにたどり着いたら、子どもたちは次々手をつなぎ、手をつないだまま、フープを頭や手を通して、後ろの人に送っていきます。次の人も同様にして、その次の人に送ります。

7 親たちも手をつなぎ、最後尾の子どもと先頭の親が手をつないで、同様にしてフープを送っていきます。

8 最後尾の親がフープを通したら、フープを持ってゴールします。先にゴールしたチームの勝ちです。

親も子どももみんなでふれあう

66  引っ越しゲーム

親たちが子どもを抱っこして次々に渡していくゲームです。

① 親子それぞれ6〜7人くらいのチームを2〜3チームつくります。

② 15mくらいの間隔でラインを2本引き、子どもたちは片方のラインに一列に並びます。親たちは2本のラインの間に一列になり、前の人の肩に手を置き、脚を開いてトンネルをつくります。

③ 保育者の合図で、子どもたちは順番にトンネルをくぐり、もう片方のラインの先まで行きます。

④ チーム全員の子どもがトンネルをくぐり終わったら、親は全員横向きになり、子どもをひとりずつ抱っこして横の人に渡し、スタートラインへ戻します。

⑤ 全員の子どもが最初にスタートラインに戻ったチームの勝ちです。

🖊アドバイス

★ ラインを引く替わりに、２ヵ所にチームの陣地をつくり、スタートの陣地からもうひとつの陣地へ行き、スタートの陣地に戻ってくるようにしてもいいでしょう。

★ 親が抱っこして横の人に渡すときに、子どもを落とさないように注意しましょう。

67  うちの子どこだ？

段ボールに隠れた我が子を見つけて、おんぶして戻ります。

1 親子がペアになり、親子ペアを4〜5組つくります。

2 スタートラインの先の中央に、大きめの段ボールを親子ペアの組数、置いておきます。

3 子どもは前を向き、親は後ろを向きます。保育者の合図で子どもは走り、いずれかの段ボールに隠れます。

全員の子どもが段ボールに隠れたら、再び保育者が合図をし、親は前を向いて走り、段ボールに隠れた自分の子どもを探します。見つけたら、おんぶをして戻ります。

 先にゴールした親子の勝ちです。

アドバイス

★ おんぶをして戻る代わりに、手をつないで走って戻ったり、親子で片足ケンケンをしながら戻ったりするルールにしてもいいでしょう。

★ 親が段ボールに隠れて、子どもが親を探すというルールにしてもおもしろいでしょう。

★ 段ボールは、色をぬったり飾りつけをしたりすると楽しいでしょう。

親も子どももみんなでふれあう

68  GOGO! エスカレーター

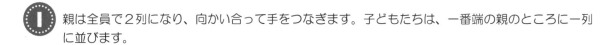
ふたり組の親が、腕でいすをつくって子どもを前に送ります。

① 親は全員で2列になり、向かい合って手をつなぎます。子どもたちは、一番端の親のところに一列
に並びます。

② 一番端で向かい合った親は、ふたりで一緒に片手で子どものひざの後ろを持ち、もう一方の手で子
どもの背中を支えて、子どもをいすに座らせるように持ち上げます。子どもはあらかじめ、上ばき
をぬいでおきます。

3 子どもを持ち上げた親たちは、両手を動かして、次のふたりの親に子どもを渡します。

4 次のふたりの親も、同様に子どもをいすに座らせるようにして両手を動かし、次々にとなりの親に送っていきます。ひとりずつ子どもを同様に前に送っていきます。

5 子どもが先頭まできたら、先で待っていた保育者が子どもを親の腕から降ろします。

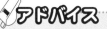 **アドバイス**

★ 最後に保育者が親の腕から降ろさず、最後の親たちが子どもを降ろすようにしてもいいでしょう。

★ 親子を２チームに分けて、どちらのチームが最初に全員の子どもを前に送れるかを競ってもいいでしょう。

69  こいの滝のぼり

2列になった親が、腕を動かして子どもを前に送ります。

① 親は全員で2列になり、向かい合って、両手をまっすぐ前に伸ばします。お互いに前の人の二の腕をつかみ腕をくみます。横の人同士は、できるだけ肩を近づけます。

② 保育者は、スーパーマンのポーズをした子どもをひとりずつ親たちの腕の上に乗せます。子どもはあらかじめ、上ばきをぬいでおきます。

3 親たちは、腕を動かして、子どもを前に送っていきます。

4 子どもが先頭まできたら、先で待っていた保育者が子どもを親の腕の前から降ろします。

キャッチ！

✏️アドバイス

★ 子どもを前に送るときに、足でけられて親がけがをしないように注意しましょう。またメガネをしている親は安全のために、あらかじめメガネを外してもらいましょう。

★ 保育者の役を親にやってもらってもいいでしょう。

70 息を合わせて１・２・１・２

親子がひとつの段ボールに片足を入れ、二人三脚で進むリレーです。

① 親子がペアになり、親子ペアが４〜６組いるチームを２〜３チームつくります。チームごとに小さめの段ボールをひとつ用意します。

② スタートラインの先にコーンを３つ置き、その先にＵターン用のコーンを置いておきます。Ｕターン用のコーンには旗を立てておきます。

③ 各チームとも、先頭の親子がひとつの段ボールに片足を入れ、スタートラインに立ちます。保育者の合図で「いち、に、いち、に」とかけ声をかけながら、二人三脚でコーンを左方向からジグザグに進みます。

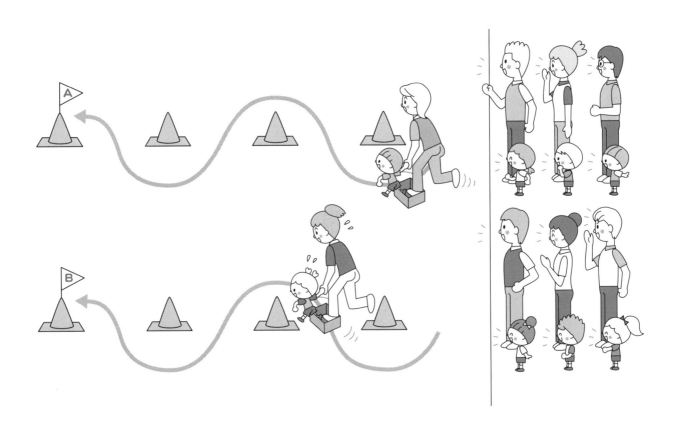

④ 旗が立っているコーンをまわったら、Uターンし、帰りは行きと逆方向にコーンを右方向からジグザグに進みます。

⑤ 次々にリレーをして、最初に全員がゴールしたチームの勝ちです。

✏️アドバイス

各チームに段ボールを３つずつ用意し、親子がひとつの段ボールに片足を入れ、もう片方の足はひとりでひとつの段ボールに足を入れて進むようにしてもいいでしょう。

親も子どももみんなでふれあう

71 クラス対抗親子騎馬戦

親が子どもをおんぶして、敵チームの帽子を取り合う騎馬戦です。

① 3クラスくらいで競います。子どもたちは自分のクラスの色の帽子をゴムをあごにかけずにかぶります。

② 地面に大きな円を描き、円の外に各チームの陣地をつくります。

③ 保育者の合図で円の中に入って各チームが歩み寄り、子どもが敵チームの帽子を取ります。また、自分は帽子を取られないようにします。

陣地

陣地

陣地

4 帽子を取られてしまった親子は、陣地へ戻ります。帽子はいくつ取ってもOKです。

5 保育者の合図で終了し、全員陣地へ戻ります。一番たくさん帽子を取ったチームの勝ちです。

✏️**アドバイス**

★ 帽子はゴムをあごにかけていると、取り合うときに危険なので、必ずかけないようにしましょう。

★ おんぶの替わりに抱っこをして騎馬戦をしてもいいでしょう。

親も子どももみんなでふれあう

72 親がめ子がめリレー

子どもを背中に乗せた親が、ハイハイをして競争するリレーです。

① 親子で何チームかに分かれ、スタートラインから離れたところにコーンを置いておきます。先頭の親はスタートラインから５０cmくらい先のところに一列に並び、その子どもはスタートラインにつきます。

② 保育者の合図で、スタートラインの子どもは一斉に自分の親の背中に乗り、親は子どもを乗せたまま、ハイハイをして進みます。

よいしょ

3 コーンをまわって戻り、次の親子にバトンタッチします。2番目以降の親は、子どもを背中に乗せて、スタートラインについています。

4 次々にリレーをして、先に全員がゴールしたチームの勝ちです。

✎**アドバイス**

ハイハイをして進むときに、子どもが落ちてけがをしないように注意しましょう。

73 目かくしおんぶリレー

目かくしをした親が、子どもをおんぶして進むリレーです。

① 親子で2チームに分かれ、スタートラインから離れたところに、保育者がタンバリンを持って立っています。

② チームにひとつタオルを渡しておき、先頭の親はタオルで目かくしをして、子どもをおんぶします。

③ 保育者の合図で、親は目かくしをしたまま、保育者がいる方向へ進みます。保育者はタンバリンをならします。

4 親の進む方向が違っていたら、おんぶされている子どもは、「もっと右！」「もっと左！」等と声を出して親に教えます。保育者のところまで来たら、子どもはタンバリンを1回たたきます。

5 子どもがタンバリンをたたいたら、親は目かくしを外し、親子で手をつないで戻り、次の親子にタオルを渡してバトンタッチします。

6 次々にリレーをして、先に全員がゴールしたチームの勝ちです。

✏️ **アドバイス**

★ 保育者がふたりいない場合は、ひとりで2チームの先の中央に立ってもいいでしょう。

★ 子どもが親に方向を教える際、「右」「左」を子どもがまだ認識していない場合は、曲がってほしい方の親の肩をたたくようにするといいでしょう。

親も子どももみんなでふれあう

74 親子みんなで ピョンピョン親子リレー

親子がペアでピョンピョン飛び跳ねながら進むリレーです。

1 親子がペアになり、親子ペアが偶数組いるチームを何チームかつくります。

2 ７０mくらいのトラックの半周となる２ヵ所と、スタート地点の後ろにゴールのラインを引き、各チームとも親子ペアが２手に分かれて、ふたつのラインに立ちます。

3 各チームの先頭の親子がスタートラインに立ち、子どもがバトンを持ちます。保育者の合図で親子が手をつないで両足でピョンピョン飛び跳ねながら進みます。

スタート

ゴール

半周のラインで待っている次の親子にバトンタッチしたら、次の親子も同様に両足でピョンピョン
飛び跳ねて進みます。

 次々リレーをして、最初にゴールしたチームの勝ちです。

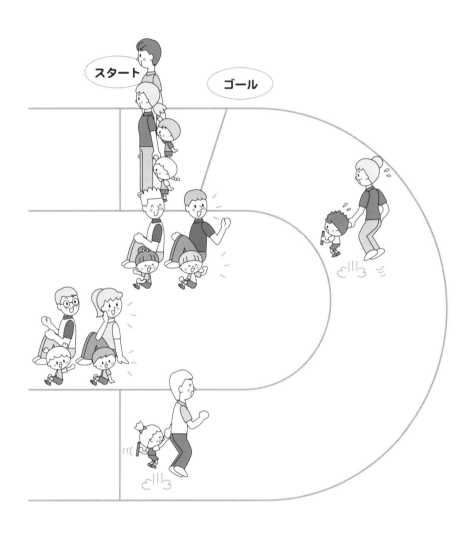

アドバイス

親子がペアにならずに、親と子がそれぞれひとりでトラックを半周ずつ飛び跳ねながら進み、
子→親→子→親…とリレーをするようにしてもいいでしょう。

75 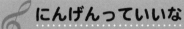 親子フォークダンス

参観日や親子の集いの最後に、みんなで楽しめるフォークダンスです。

にんげんっていいな

作詞：山口あかり／作曲：小林亜星

★全員の親子で一重の輪になり、「♪にんげんっていいな」の歌に合わせてフォークダンスをします。

  ♪くまのこ みていた かくれんぼ

 ♪おしりをだしたこ いっとうしょう

全員が手をつなぎ、手を上げながら円の中心に向かいます。

手を下げながら、後ろへ戻ります。

 ♪ゆうやけこやけで またあした またあした

両手を腰にあて、右足のかかとを前方の地面について戻し、またついて戻します。
左足も同様に行います。リズムに合わせてこれをくりかえします。

 ♪いいないいな
にんげんっていいな

 ♪おいしいおやつに ほかほかごはん
こどものかえりを まってるだろな

親子が向かい合って両手をゆらしながら、ゆれます。

2回手をたたき、2回両手を合わせます。リズムに合わせてこれをくりかえします。

親も子どももみんなでふれあう

6 ♪ぼくもかえろ おうちへかえろ

両手をつないでその場でまわります。

7 ♪でんでん でんぐりがえって

グーにした両手をまわします。

8 ♪バイバイバイ

両手でバイバイを3回します。

2番は**1番**と同じ動きです。

✏ **アドバイス**

★「♪いいないいな にんげんっていいな」のところは、親が子どもを抱きしめたり、高い高いを
　したりなど親子で触れ合ってもいいでしょう。
★「♪バイバイバイ」の後、親子のどちらかがずれて、他の親と子であそびをくりかえしてもい
　いでしょう。

オススメ 著書の御案内

かわいい！たのしい！スケッチブックでシアターあそび

井上明美：編著　AB 判 /128 ページ / 定価 1,650 円（本体 1,500 円 + 税）

めくったり、裏面を見せたり、ページの一部を少しずつ見せたり、穴からのぞかせたりなど、スケッチブックの特長を存分に活かしたシアターあそびが満載。型紙をコピー・色付けし、貼るだけなので、保育士さんの準備がラクラク。「歌、名作、生活、クイズ」と 4 カテゴリーのあそびにて掲載。

【掲載内容】おばけなんてないさ／力太郎／正しくわたろう横断歩道／しりとりなあに?…など。

歌と名作で楽しむ スケッチブックでシアターあそび

井上明美：編著　AB 判／ 112 ページ／定価 1,650 円（本体 1,500 円 + 税）

スケッチブックでのシアターあそびを「歌って楽しむ」「名作で楽しむ」のテーマに特化。ページの半分をめくったり、裏面を見せたりして、思わぬおもしろい動きが出たり、アッと驚く展開に。型紙をコピー・色付けし、貼るだけなので、保育士さんの準備がラクラク。

【掲載内容】あらどこだ／月火水木金土日のうた／てぶくろ／ 3 匹のヤギのがらがらどん…など。

かわいく たのしい ペープサート

井上明美：編著　AB 判 /112 ページ / 定価 1,650 円（本体 1,500 円 + 税）

すぐやりたくなる、かわいいイラストがぎっしり！「歌って楽しむ」、「名作を楽しむ」、「生活を楽しむ」の 3 カテゴリーにて掲載。オモシロしかけ、スムーズな進行方法、やさしい楽譜などナットクの内容。子どもと一緒に作ったり、あそんだりする発展的なあそびかたも掲載。すぐ使える型紙付き。

【掲載内容】犬のおまわりさん／ブレーメンの音楽隊／元気にごあいさつ…など。

CD 付きですぐ使える 話題作・名作で楽しむ劇あそび特選集

井上明美：編著　AB 判 /144 ページ / 定価 2,200 円（本体 2,000 円 + 税）/CD 付き

映画、舞台、ドラマで話題のお話から、定番の名作まで全 11 話掲載した劇あそびシナリオ集。人気があり、かつあまりシナリオ化されていなかった話題作から名作まで盛り沢山。付属 CD はテーマ曲の歌入りとカラオケ、劇中の効果が収録されているので、すぐ使える！

【掲載内容】孫悟空／アラジンと魔法のランプ／トム・ソーヤーの冒険／青い鳥…など。

そのまま使えるCD付き! ヒット曲&人気曲でかんたんリトミック

井上明美：編著　AB 判 /112 ページ / 定価 2,420 円（本体 2,200 円 + 税）/CD 付き

「リトミックを取り入れたいけど、歌が古くて子どもたちが興味を示さない」「ピアノ演奏がニガテ」という声を反映させた、低年齢児にも対応できるやさしい内容のリトミック本。全曲 CD 収録なので、先生がピアノを弾く必要もなく、すぐ使える！

【掲載内容】ドラえもん（星野 源）／あしたてんきにな〜れ／にじ／崖の上のポニョ…など。

● 編著者

井上 明美（いのうえ あけみ）

国立音楽大学教育音楽学科幼児教育専攻卒業。卒業後は、㈱ベネッセコーポレーション勤務。
在籍中は、しまじろうのキャラクターでおなじみの『こどもちゃれんじ』の編集に創刊時より
携わり、音楽コーナーを確立する。退職後は、音楽プロデューサー・編集者として、音楽ビデオ、
ＣＤ、ＣＤジャケット、書籍、月刊誌、教材など、さまざまな媒体の企画制作、編集に携わる。
２０００年に制作会社 アディインターナショナルを設立。主な業務は、教育・音楽・英語系の
企画編集。同社代表取締役。http://www.ady.co.jp
同時に、アディミュージックスクールを主宰する。http://www.ady.co.jp/music-school
著書に、『歌と名作で楽しむ スケッチブックでシアターあそび』、『話題作・名作で楽しむ劇あ
そび特選集』、『ヒット曲＆人気曲でかんたんリトミック』（いずれも自由現代社）、『心と脳を
育む、親子のふれあい音楽あそびシリーズ』＜リズムあそび、音感あそび、音まね・声まねあ
そび、楽器づくり、音のゲームあそび＞（ヤマハミュージックエンタテインメント）他、多数。

● 情報提供

学校法人 東京吉田学園 久留米神明幼稚園／小林由利子　安部美紀　佐藤裕果　齊藤和美

● 編集協力

アディインターナショナル／大門久美子　新田 操

● イラスト作成

太中トシヤ

使える！保育のあそびネタ集　ふれあいあそび編 ──────── 定価（本体 1500 円＋税）

編著者────井上明美（いのうえあけみ）
表紙デザイン──オングラフィクス
発行日────2023 年 12 月 30 日
編集人────真崎利夫
発行人────竹村欣治
発売元────株式会社自由現代社
　　　　　　〒171-0033　東京都豊島区高田 3-10-10-5F
　　　　　　TEL03-5291-6221／FAX03-5291-2886
　　　　　　振替口座 00110-5-45925

ホームページ──http://www.j-gendai.co.jp

JASRAC の
承認に依り
許諾証紙
張付免除

JASRAC　出 2309162-301
（許諾番号の対象は、当該出版物中、当協会が許諾すること
のできる出版物に限られます。）

ISBN978-4-7982-2644-6